Impressum
Verlag: BABADADA GmbH, Nedderfeld 112 , 22529 Hamburg
Geschäftsführer / Verlagsleitung: Harald Hof
Druck: Books on Demand GmbH, In de Tarpen 42, 22848 Norderstedt

Imprint
Publisher: BABADADA GmbH, Nedderfeld 112 , 22529 Hamburg, Germany
Managing Director / Publishing direction: Harald Hof
Print: Books on Demand GmbH, In de Tarpen 42, 22848 Norderstedt, Germany

училище

בית ספר

класна стая
כיתה
деление
186/2
черна дъска
לוח
училищен двор
учител
מורה
хартия
נייר
пиша
כתב
химикал
עט
бюро
שולחן עבודה
линеал
סרגל
книга
ספר
ученик
תלמיד

ученическа раница

ילקוט

ученически несесер

קלמר

молив

עיפרון

острилка за моливи

מחדד

гума

גומי מחיקה

блок за рисуване

חוברת סרטוט

2 училище - בית ספר

рисунка

סרטוט

четка

מברשת

акварелни бои

קופסת צבעים

ножица

מספריים

лепило

דבק

тетрадка за упражнения

ספר תרגול

домашна работа

שיעור בית

12

число

מספר

2+2

събиране

חיבר

5-2

изваждане

חיסר

2×2

умножение

הכפיל

смятане

חישב

A

буква

אות

**ABCDEFG
HIJKLMN
OPQRSTU
VWXYZ**

азбука

אלפבית

дума

מילה

текст

טקסט

чета

קרא

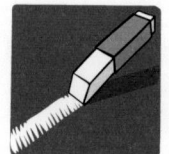

тебешир

גיר

час

שיעור

дневник на класа

יומן נוכחות

изпит

מבחן

свидетелство

תעודה

ученическа униформа

תלבושת בית ספר

образование

חינוך

справочник

אנציקלופדיה

университет

אוניברסיטה

микроскоп

מיקרוסקופ

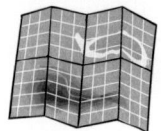

карта

מפה

кошче за хартиени
отпадъци

סל נייר

пътуване

נסיעה

хотел
מלון
хостел
הוסטל
ROOMS
обменно бюро
המרת מטבע
EXCHANGE
куфар
מזוודה
кола
אוטו

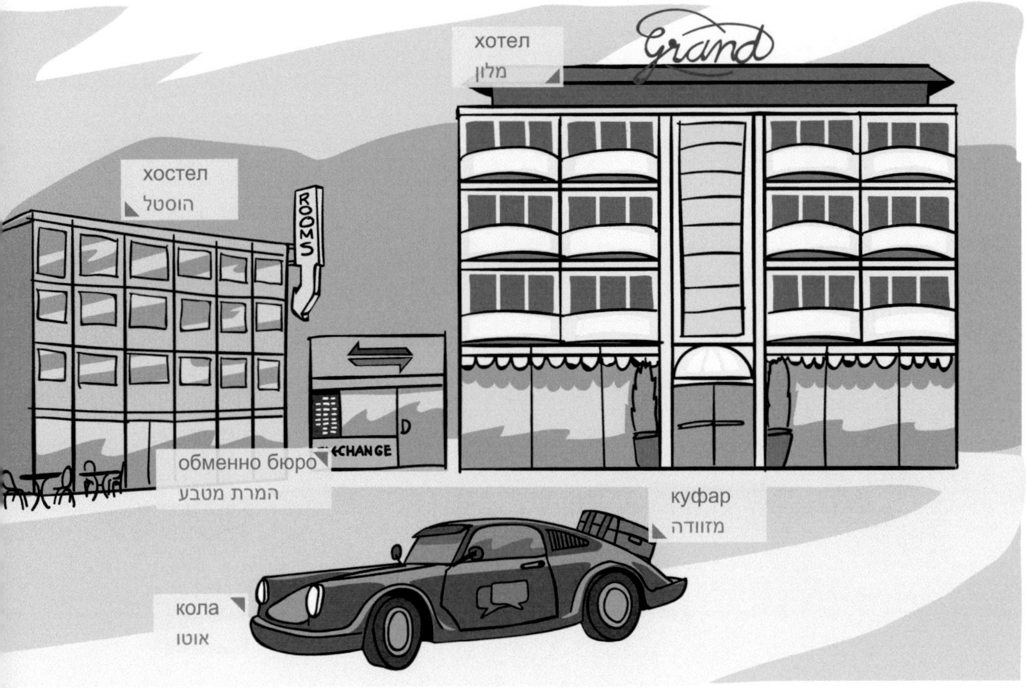

език

שפה

да / не

כן / לא

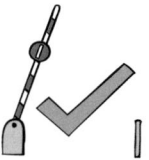

Окей

בסדר

здравей

שלום

преводач

מתרגם

Благодаря

תודה

Колко струва...?

כמה עולה.....?

Не разбирам

אני לא מבין

проблем

בעיה

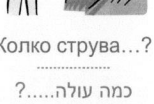

Добър вечер!

ערב טוב!

Добро утро!

בוקר טוב!

Лека нощ!

לילה טוב!

довиждане

להתראות

посока

כיוון

багаж

כבודה

пътна чанта

תיק

раница

תרמיל גב

посетител

אורח

стая

חדר

спален чувал

שק שינה

палатка

אוהל

уристическа информация

מרכז מידע לתיירים

плаж

חוף ים

кредитна карта

כרטיס אשראי

закуска

ארוחת בוקר

обед

ארוחת צהריים

вечеря

ארוחת ערב

билет

כרטיס

асансьор

מעלית

пощенска марка

בול

граница

גבול

митница

מכס

посолство

שגרירות

виза

אשרה

паспорт

דרכון

транспорт

תחבורה

самолет
מטוס
кораб
אונייה
пожарна кола
כבאית
автобус
אוטובוס
товарен автомобил
משאית
моторна лодка
סירת מנוע
велосипед
אופניים
кола
אוטו

ферибот

מעבורת

лодка

סירה

мотоциклет

אופנוע

полицейска кола

ניידת משטרה

състезателна кола

מכונית מרוץ

кола под наем

רכב שכור

каршеринг

מכוניות בשיתוף

автомобил от "Пътна помощ"

אוטו גרר

сметовоз

משאית זבל

двигател

מנוע

бензин

דלק

бензиностанция

תחנת דלק

пътен знак

תמרור

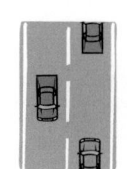

улично движение

תנועה

задръстване

פקק תנועה

паркинг

חניה

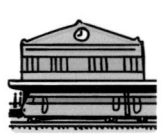

гара

תחנת רכבת

релси

פסי רכבת

влак

רכבת

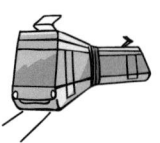

трамвай

רכבת קלה

вагон

קרון

хеликоптер

מסוק

аерогара

שדה-תעופה

кула

מגדל

пасажер

נוסע

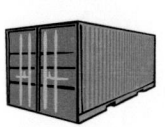

контейнер

קונטיינר

кашон

קרטון

ръчна количка

עגלה

кошница

סל

излитам / приземявам се

המראה / נחיתה

град

עיר

село

כפר

градски център

מרכז העיר

къща

בית

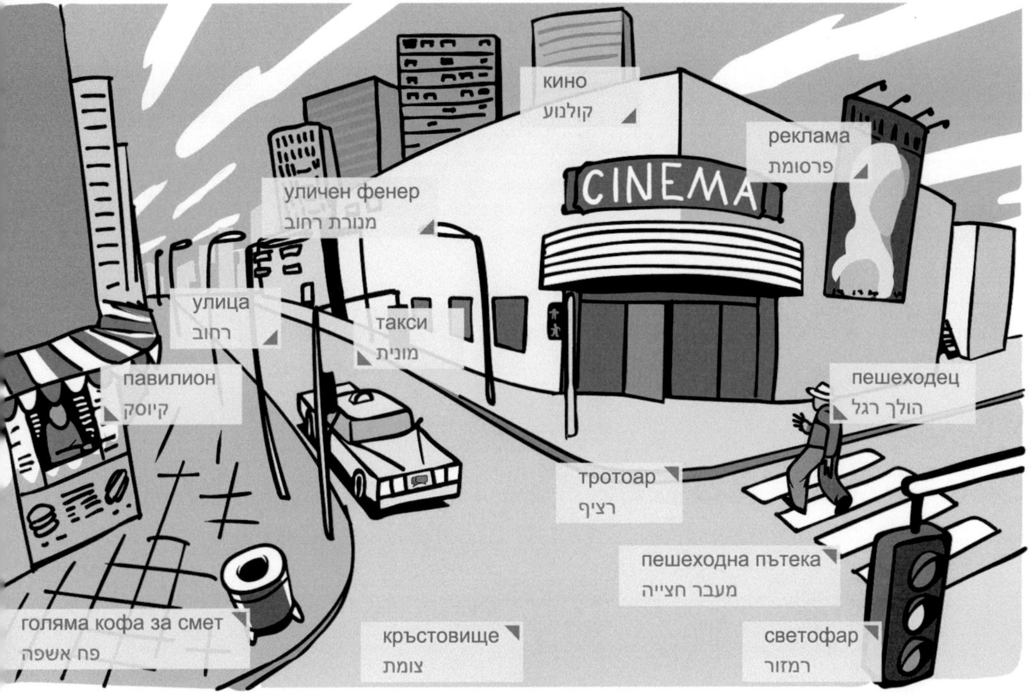

CINEMA
кино
קולנוע
реклама
פרסומת
уличен фенер
מנורת רחוב
улица
רחוב
такси
מונית
павилион
קיוסק
пешеходец
הולך רגל
тротоар
רציף
пешеходна пътека
מעבר חצייה
голяма кофа за смет
פח אשפה
кръстовище
צומת
светофар
רמזור

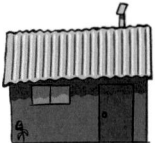

хижа

בקתה

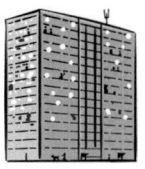

жилище

דירה

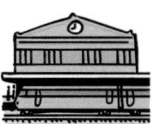

гара

תחנת רכבת

кметство

עירייה

MUSEUM

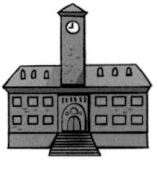

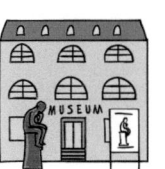

музей

מוזיאון

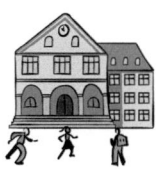

училище

בית ספר

университет

אוניברסיטה

банка

בנק

болница

בית חולים

хотел

מלון

аптека

בית מרקחת

офис

משרד

книжарница

חנות ספרים

магазин за цветя

חנות

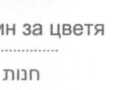

магазин за цветя

חנות פרחים

супермаркет

סופרמרקט

пазар

שוק

универсален магазин

כל-בו

търговец на риба

מוכר דגים

търговски център

קניון

пристанище

נמל

парк

פארק

пейка

ספסל

мост

גשר

стълба

מדרגות

метро

רכבת תחתית

тунел

מנהרה

автобусна спирка

תחנת אוטובוס

бар

בר

ресторант

מסעדה

пощенска кутия

תא דואר

улична табелка

שלט רחוב

часовник за паркинг
престой

מדחן

зоологическа градина

גן חיות

плувен басейн

בריכת שחיה

джамия

מסגד

селски двор

חווה

замърсяване на околната среда

זיהום

гробище

בית עלמין

църква

כנסייה

детска площадка

מגרש משחקים

храм

בית מקדש

пейзаж

נוף

листо
עלה

пътепоказател
תמרור

път
דרך

ливада
מרעה

камък
אבן

дърво
עץ

пътешественик
מטייל

река
נהר

трева
דשא

цвете
פרח

долина

בקעה

планина

הר

море

אגם

гора

יער

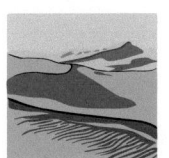

пустиня

מדבר

вулкан

הר געש

замък

טירה

дъга

קשת בענן

гъба

פטריה

палма

דקל

комар

יתוש

муха

זבוב

мравка

נמלה

пчела

דבורה

паяк

עכביש

бръмбар

חיפושית

жаба

צפרדע

катеричка

סנאי

таралеж

קיפוד

заек

ארנב

кукумявка

ינשוף

птица

ציפור

лебед

ברבור

диво прасе

חזיר בר

елен

צבי

лос

אייל הקורא

бент

סכר

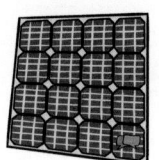

вятърна турбина

טורבינת רוח

соларен модул

פנל סולארי

климат

אקלים

ресторант

מסעדה

келнер
מלצר
меню
стол
כסא
супа
מרק
пица
פיצה
прибори за хранене
סכו"ם
покривка за маса
מפת שולחן

предястие

מנת פתיחה

основно ястие

מנה עיקרית

десерт

קינוח

напитки

שתיות

ядене

אוכל

бутилка

בקבוק

бързо хранене

מזון מהיר

улична храна

אוכל רחוב

кана за чай

קנקן תה

кутия за захар

מסכרת

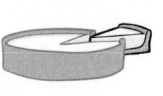

порция

מנה

еспресо машина

מכונת אספרסו

висок детски стол

כסא תינוק

сметка

חשבון

табла

מגש

ножица за нокти

סכין

вилица

מזלג

лъжица

כף

чаена лъжичка

כפית

салфетка

מפית

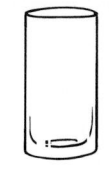

стъклена чаша

כוס

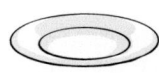

чиния

צלחת

чиния за супа

קערת מרק

чинийка

תחתית

сос

רוטב

солница

מלחייה

мелничка за черен пипер

מטחנת פלפל

оцет

חומץ

олио

שמן

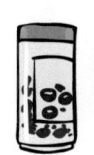

подправки

תבלינים

кетчуп

קטשופ

горчица

חרדל

майонеза

מיונז

супермаркет

סופרמרקט

оферта
מבצע
клиент
לקוח
млечни продукти
מוצרי חלב
плодове
פירות
количка за покупки
עגלת קניות

кланица

אטליז

хлебарница

מאפייה

тегля

שקל

зеленчуци

ירקות

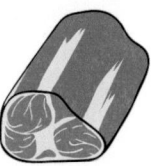

месо

בשר

дълбоко замразена храна

מזון קפוא

нарязан колбас или сирене

בשר קר

консерви

שימורים

перилен препарат

אבקת כביסה

лакомства

ממתקים

домакински изделия

מוצרי בית

почистващи препарати

חומר ניקוי

продавачка

מוכרת

каса

קופה

касиер

קופאי

списък на покупките

רשימת קניות

работно време

שעות פתיחה

портфейл

ארנק

кредитна карта

כרטיס אשראי

чанта

תיק

пластмасова торба

שקית נילון

напитки

שתיות

вода

מים

сок

מיץ

мляко

חלב

кола

קולה

вино

יין

бира

בירה

алкохол

אלכוהול

какао

קקאו

чай

תה

кафе машина

קפה

еспресо

אספרסו

капучино

קפוצ'ינו

банан

בננה

ябълка

תפוח

портокал

תפוז

пъпеш

אבטיח

лимон

לימון

морков

גזר

чесън

שום

бамбук

במבוק

лук

בצל

гъба

פטריות

ядки

אגוזים

макарони

אטריות

спагети

ספגטי

ориз

אורז

салата

סלט

пържени картофи

צ'יפס

печени картофи

צ'יפס

пица

פיצה

хамбургер

המבורגר

сандвич

כריך

шницел

שניצל

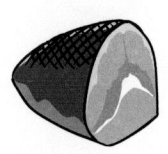

шунка

שינקין

траен колбас

סלאמי

салам

נקניקיה

пиле

עוף

печено

טיגון

риба

דג

ядене - אוכל

овесени ядки

שיבולת שועל

мюсли

מוזלי

корнфлейкс

קורנפלקס

брашно

קמח

кроасан

קרואסון

хлебчета

לחמנייה

хляб

לחם

препечена филийка

טוסט

бисквити

עוגיות

масло

חמאה

извара

גבינה לבנה

сладкиш

עוגה

яйце

ביצה

яйца на очи

ביצת עין

сирене

גבינה

сладолед

גלידה

захар

סוכר

мед

דבש

мармалад

ריבה

нуга крем

ממרח נוגט

къри

קארי

селски двор

חווה

плевня
אסם
бала сено
חבילת שחת
поле
שדה
кон
סוס
ремарке
עגלת נגרר
трактор
טרקטור
конче
סייח
магаре
חמור
овца
כבש
агне
טלה

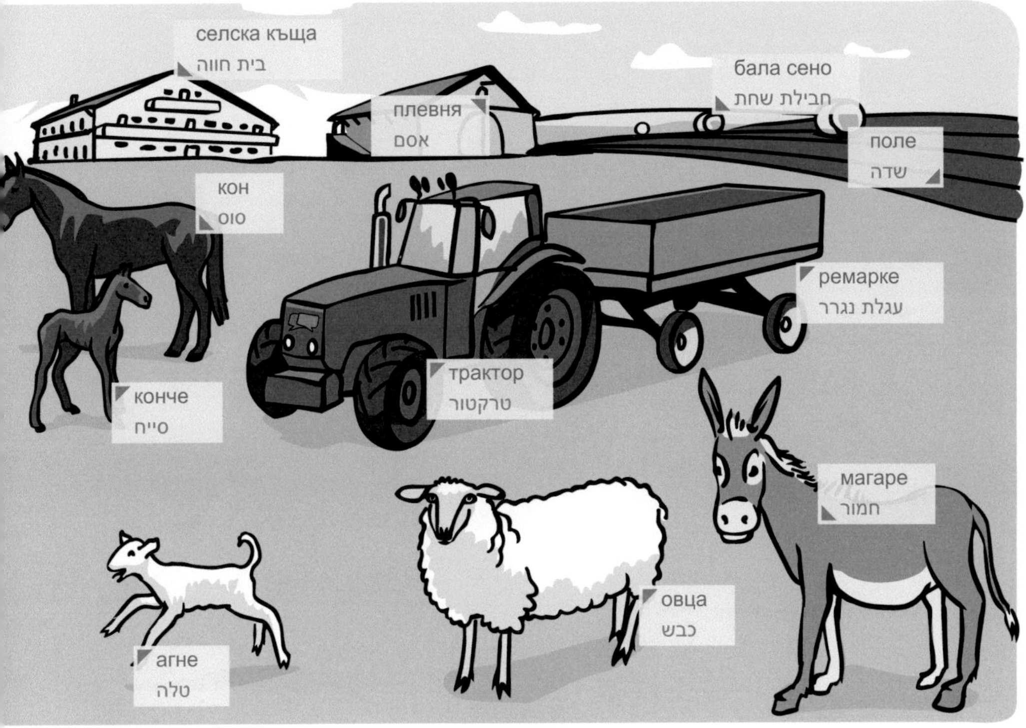

коза

עז

крава

פרה

теле

עגל

свиня

חזיר

прасенце

חזרזיר

бик

שור

гъска

אווז

патица

ברווז

пиленце

אפרוח

кокошка

תרנגולת

петел

תרנגול

плъх

חולדה

котка

חתול

мишка

עכבר

вол

שור

куче

כלב

кучешка колиба

מלונה

градински маркуч

צינור השקיה

лейка

קנקן מים

коса

חרמש

плуг

מחרשה

сърп

מגל

мотика

מגרפה

вила за тор

קלשון

брадва

גרזן

ръчна количка

מריצה

корито

שוקת

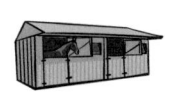

съд за мляко

כד חלב

чувал

שק

ограда

גדר

обор

אורווה

парник

חממה

земя

אדמה

сеитба

זרע

тор

דשן

комбайн

מקצרה

жъна

קצר

реколта

קציר

ямс

בטטה אפריקנית

жито

חיטה

соя

סויה

картоф

תפוח אדמה

царевица

תירס

рапица

קנולה

овощно дърво

עץ פירות

маниока

קסבה

зърнени храни

דגנים

къща

בית

комин
ארובה
покрив
גג
улук
מרזב
прозорец
חלון
гараж
מוסך
звънец
פעמון
врата
דלת
кофа за боклук
פח אשפה
пощенска кутия
תיבת מכתבים
градина
גינה

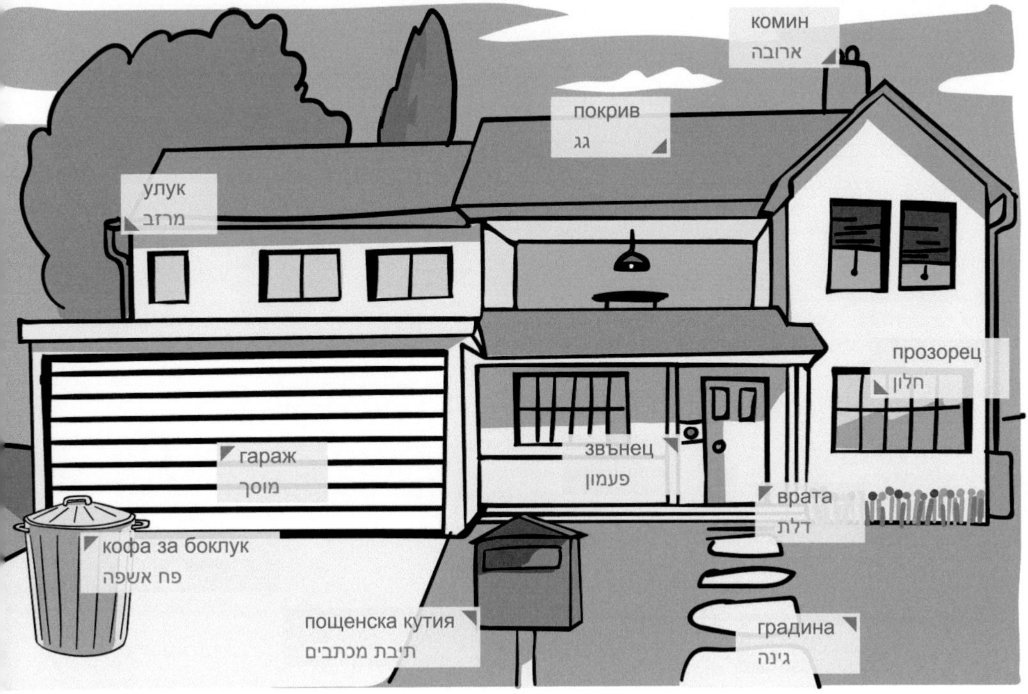

всекидневна

סלון

баня

חדר אמבטיה

кухня

מטבח

спалня

חדר שינה

детска стая

חדר ילדים

трапезария

חדר אוכל

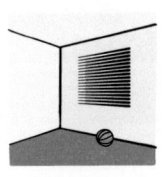

под

רצפה

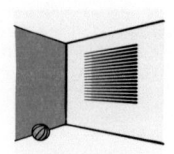

стена

קיר

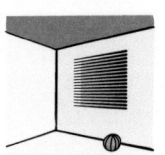

таван

תקרה

изба

מרתף

сауна

סאונה

балкон

מרפסת

тераса

מרפסת

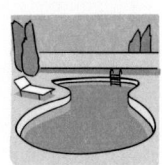

плувен басейн

בריכה

косачка

מכסחת דשא

спално бельо

סדין

покривка за легло

כיסוי מיטה

легло

מיטה

метла

מטאטא

кофа

דלי

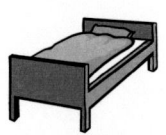

електрически ключ

מפסק

всекидневна

סלון

тапет
טפט
картина
תמונה
лампа
מנורה
рафт
מדף
шкаф
ארון
телевизор
טלוויזיה
камина
אח
цвете
פרח
възглавница
כרית
канапе
ספה
ваза
אגרטל
дистанционно управление
שלט רחוק

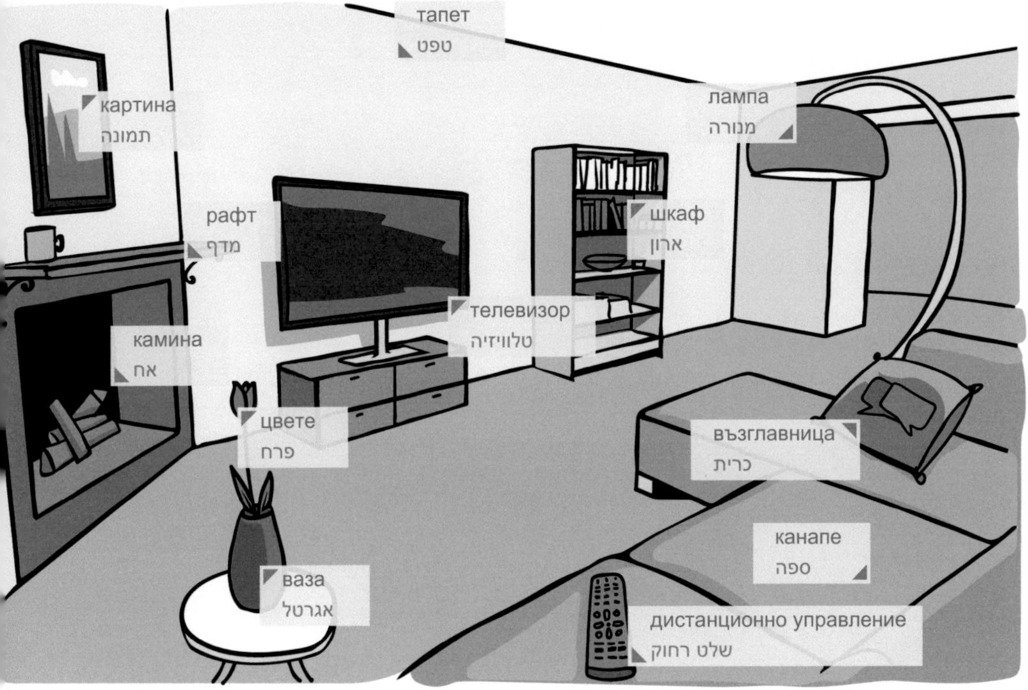

килим

שטיח

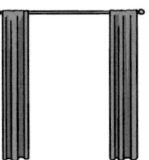

завеса

וילון

маса

שולחן

стол

כסא

люлеещ се стол

כיסא נדנדה

кресло

כורסה

книга

ספר

одеяло

שמיכה

декорация

דקורציה

дърва за отопление

עצי הסקה

филм

סרט

стерео уредба

מערכת סטריאו

ключ

מפתח

вестник

עיתון

живопис

ציור

постер

פוסטר

радио

רדיו

бележник

מחברת

прахосмукачка

שואב אבק

кактус

קקטוס

свещ

נר

кухня

מטבח

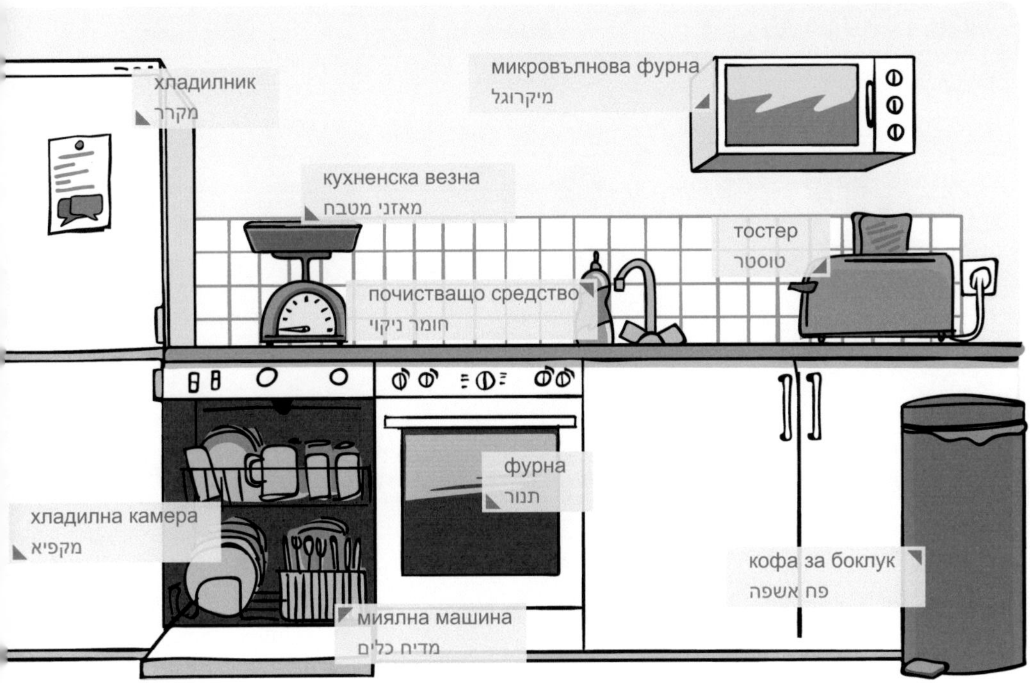

микровълнова фурна
מיקרוגל
хладилник
מקרר
кухненска везна
тостер
טוסטר
почистващо средство
חומר ניקוי
фурна
תנור
хладилна камера
מקפיא
кофа за боклук
פח אשפה
миялна машина
מדיח כלים

готварска печка

תנור

тенджера

סיר

желязна тенджера

סיר ברזל

уок / кадаи

ווק

тиган

מחבת

кана за затопляне на вода

קומקום חשמלי

уред за готвене на пара

מאדה

тава за печене

מגש אפייה

съдове

כלי אוכל

чаша

ספל

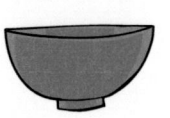

купа

קערה

клечки за хранене

צ'ופסטיקס

черпак

מצקת

лопатка за тиган

מרית

тел за разбиване (на яйца, белтъци)

מטרפה

кошница за варене

מסננת בישול

гевгир

מסננת

ренде

מגרדת

хаван

מכתש

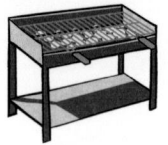

барбекю

גריל

огнище

מדורה

дъска

קרש חיתוך

точилка

מערוך

тирбушон

פותחן פקקים

кутия

פחית

отварачка за консерви

פותחן קופסאות

кухненска ръкохватка

מטלית

мивка

כיור

четка

מברשת

гъба

ספוג

миксер

בלנדר

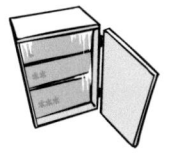

фризер

מקפיא

бебешко шише

בקבוק לתינוק

воден кран

ברז

баня

חדר אמבטיה

душ
מקלחת
отопление
חימום
хавлиена кърпа
מגבת
завеса за баня
וילון מקלחת
шампоан за вана
אמבטיית קצף
вана
אמבטיה
стъклена чаша
כוס
перална машина
מכונת כביסה
воден кран
ברז
плочки
אריחים
гърне
סיר לילה
мивка
כיור

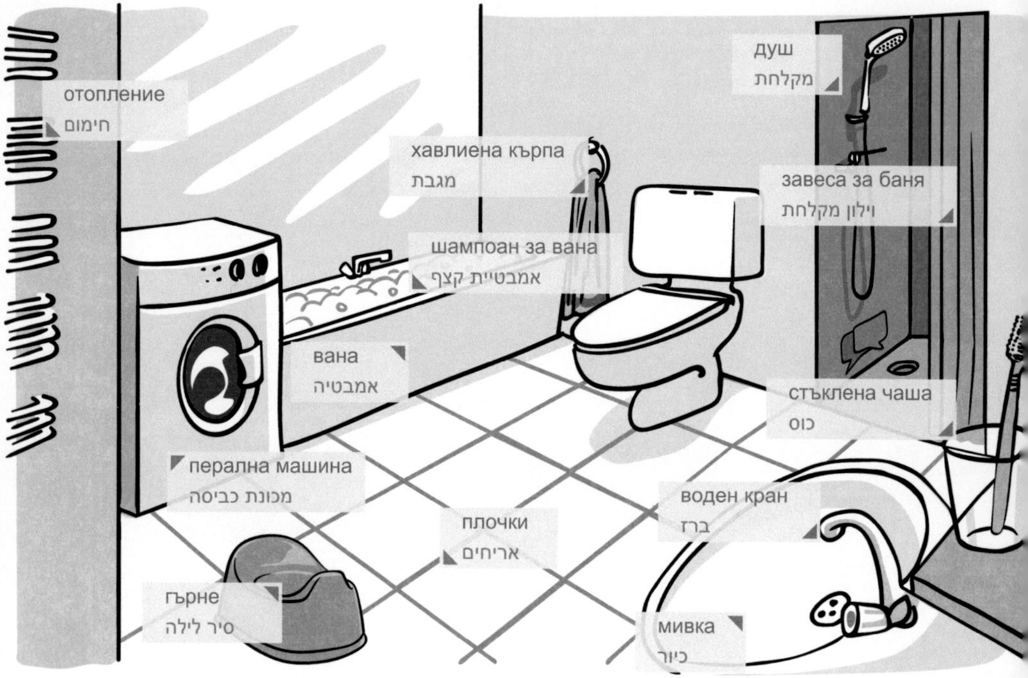

тоалетна

אסלה

клекало

אסלת כריעה

биде

בידה

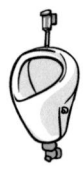

писоар

משתנה

тоалетна хартия

נייר טואלט

четка за тоалетна

מברשת אסלה

четка за зъби

מברשת שיניים

паста за зъби

משחת שיניים

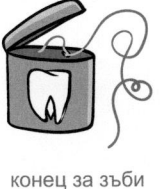

конец за зъби

חוט דנטלי

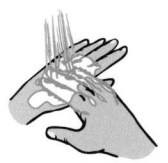

мия

שטף

ръчен душ

מקלחת יד

интимен душ

צינור שטיפה לשירותים

леген

קערת רחצה

четка за гръб

מברשת גב

сапун

סבון

душ гел

ג'ל רחצה

шампоан за вана

שמפו

гъба за баня

ליפה

сифон

ניקוז

крем

קרם

дезодорант

דיאודורנט

огледало

מראה

козметично огледало

מראת יד

ръчна самобръсначка

סכין גילוח

пяна за бръснене

קצף גילוח

одеколон за след
бръснене
אפטרשייב

гребен

מסרק

четка

מברשת

сешоар

מייבש שיעור

спрей за коса

ספריי לשיער

грим

איפור

червило

שפתון

лак за нокти

לק

памук

צמר גפן

ножица за нокти

מספריים לציפורניים

парфюм

בושם

баня - חדר אמבטיה

тоалетна чантичка

תיק כלי רחצה

табуретка

שרפרף

везна

משקל

хавлия

חלוק רחצה

домакински ръкавици

כפפות גומי

тампон

טמפון

дамски превръзки

תחבושת סניטרית

химическа тоалетна

שירותים כימיקליים

детска стая

חדר ילדים

будилник
שעון מעורר
плюшена играчка
צעצוע חיבוק
автомобил играчка
מכונית צעצוע
дрънкалка
רעשן
къща за кукли
בית בובות
подарък
מתנה

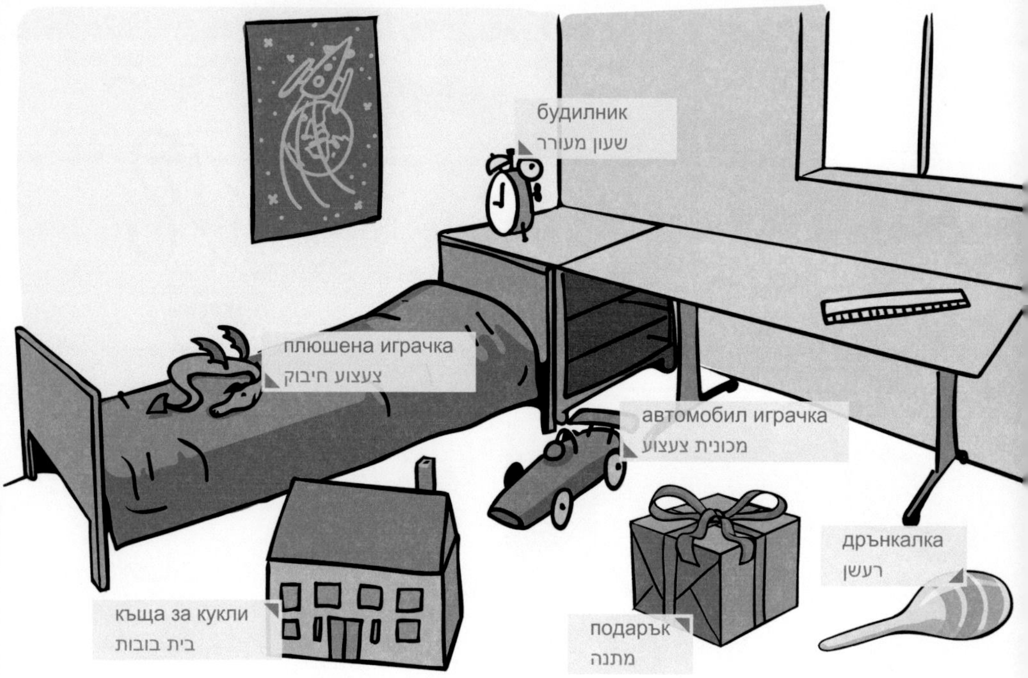

балон

בלון

легло

מיטה

детска количка

עגלה

игра на карти

משחק קלפים

пъзел

פאזל

комикс

קומיקס

лего елементи

לגו

строителни елементи

קוביות משחק

екшън фигурка

דמות משחק

бебешки гащеризон

סרבל תינוקות

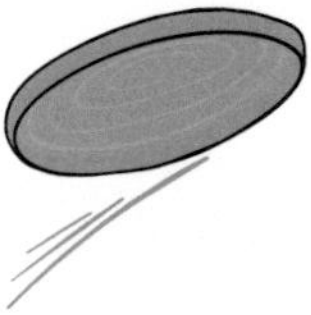

фрисби

פריזבי

бебешки играчки за легло

נייד

настолна игра

משחק לוח

зарче

קוביה

миниатюрно влакче

רכבת צעצוע

биберон

מוצץ

парти

מסיבה

детска книга с илюстрации

אלבום תמונות

топка

כדור

кукла

בובה

играя

שיחק

пясъчник

ארגז חול

люлка

נדנדה

играчка

צעצועים

игрова конзола

קונסולת משחקים

велосипед с три колелета

אופניים תלת גלגלי

плюшено мече

דובון

гардероб

ארון בגדים

облекло

בגדים

къси чорапи

גרביים

дълги чорапи

גרביונים

чорапогащник

גרביון

шал
צעיף

чадър
מטריה

T-шърт
חולצת טי

колан
חגורה

ботуши
מגפיים

гуменки
נעלי ספורט

пантофи
נעלי בית

сандали

סנדלים

обувки

נעליים

гумени ботуши

מגפי גומי

слип

תחתונים

сутиен

חזייה

долна блуза

וסט

боди

גוף

панталон

מכנסיים

дънки

ג'ינס

пола

חצאית

блуза

חולצה מכופתרת

риза

חולצה

пуловер

אפודה

суичър

סווצ'ר עם קפוצ'ון

блейзър

בלייזר

яке

ז'קט

палто

מעיל

дъждобран

מעיל גשם

костюм

תלבושת

рокля

שמלה

булчинска рокля

שמלת כלה

костюм

חליפה

нощница

כותונת לילה

пижама

פיג'מה

сари

סארי

кърпа за глава

מטפחת ראש

тюрбан

טורבן

бурка

בורקה

кафтан

קאפטן

абая

עבאיה

бански костюм

בגד ים

плувни шорти

בגד ים

къс панталон

מכנסיים קצרים

анцуг

בגד אימון

престилка

סינר

ръкавици

כפפות

копче

כפתור

очила

משקפיים

гривна

צמיד יד

верижка

שרשרת

пръстен

טבעת

обеца

עגיל

каскет

כובע

закачалка

קולב

шапка

כובע

вратовръзка

עניבה

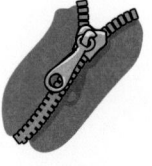

цип

רוכסן

каска

קסדה

тиранти

כתפיות

ученическа униформа

תלבושת בית ספר

униформа

מדים

лигавник

מפית אוכל

биберон

מוצץ

пелена

חיתול

офис

משרד

сървър
שרת
шкаф за документи
תיקייה
хартия
נייר
принтер
מדפסת
монитор
מסך
бюро
שולחן עבודה
мишка
עכבר
папка
תיק
клавиатура
מקלדת
кошче за хартиени отпадъци
סל נייר
компютър
מחשב
стол
כסא

чаша за кафе

ספל קפה

джобен калкулатор

מחשבון

интернет

אינטרנט

лаптоп

מחשב נייד

писмо

מכתב

съобщение

הודעה

мобилен телефон

נייד

мрежа

רשת

ксерокс

מכונת צילום

софтуер

תוכנה

телефон

טלפון

контакт

שקע

факс

פקס

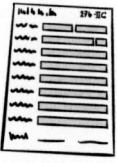

формуляр

טופס

документ

מסמך

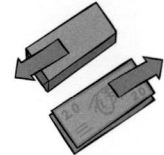

иконoмика

כלכלה

купувам

קנה

плащам

שילם

търгувам

סחר

пари

כסף

долар

דולר

евро

יורו

йена

ין

рубла

רובל

швейцарски франк

פרנק שווייצרי

ренминби юан

יואן רנמינבי

рупия

רופי

банкомат

כספומט

обменно бюро

המרת מטבע

злато

זהב

сребро

כסף

нефт

נפט

енергия

אנרגיה

цена

מחיר

договор

חוזה

данък

מס

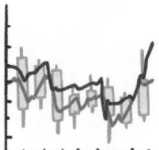

акция

מנייה

работя

עבד

служител

עובד

работодател

מעסיק

фабрика

מפעל

магазин за цветя

חנות

професии

מקצועות

полицай
שוטר
пожарникар
כבאי
готвач
טבח
лекар
רופא
пилот
טייס

градинар

גנן

мебелист

נגר

шивачка

תופרת

съдия

שופט

химик

כימאי

артист

שחקן

шофьор на автобус

נהג אוטובוס

шофьор на такси

נהג מונית

рибар

דייג

чистачка

עובדת נקיון

майстор на покриви

מתקן גגות

келнер

מלצר

ловец

צייד

художник

צייר

хлебар

אופה

електротехник

חשמלאי

строителен работник

עובד בניין

инженер

מהנדס

касапин

קצב

тенекеджия

אינסטלטור

пощальон

דוור

войник

חייל

архитект

אדריכל

касиер

קופאי

цветар

מוכר פרחים

фризьор

ספר

кондуктор

כרטיסן

механик

מכונאי

капитан

קברניט

зъболекар

רופא שיניים

научен работник

מדען

равин

רב

имàм

אימאם

монах

נזיר

свещеник

כומר

инструменти

כלי עבודה

чук
פטיש
клещи
צבת
отвертка
מברג
гаечен ключ
מפתח ברגים
джобна лампа
פנס

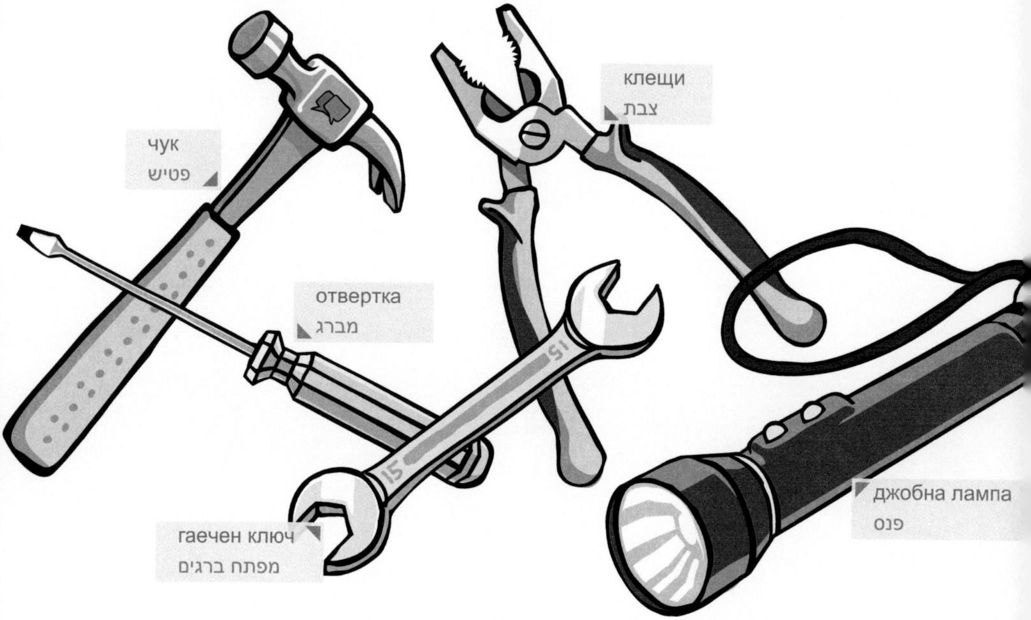

багер

דחפור

кутия за инструменти

ארגז כלים

стълба

סולם

трион

מסור

пирони

מסמרים

бормашина

מקדחה

ремонтирам

תיקן

лопата

את חפירה

По дяволите!

לעזאזל!

лопатка за смет

יעה

кутия за боя

פח צבע

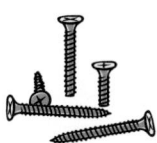

болтове

ברגים

музикални инструменти
כלי נגינה

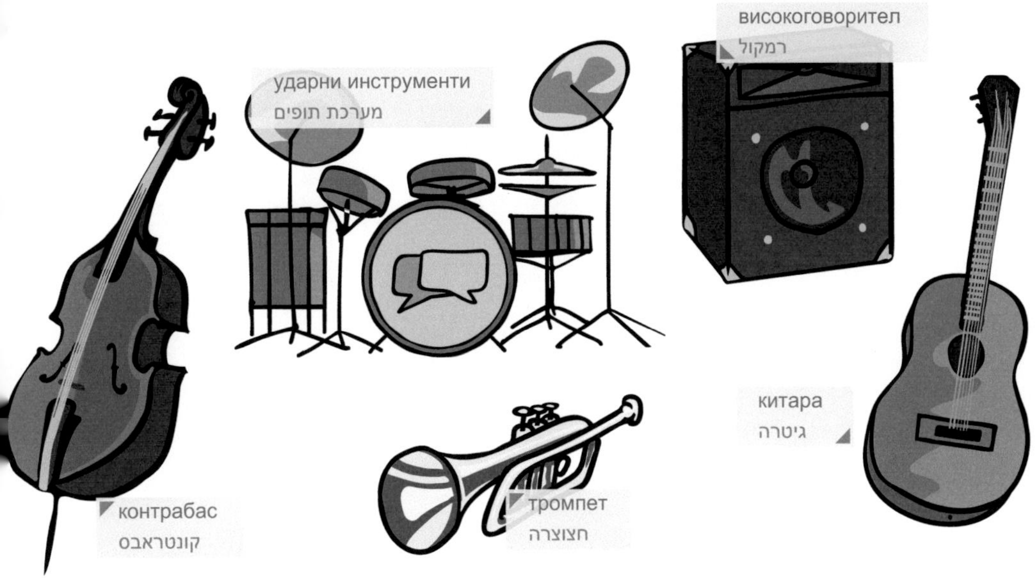

високоговорител

רמקול

ударни инструменти

מערכת תופים

китара

גיטרה

контрабас

קונטראבס

тромпет

חצוצרה

пиано

פסנתר

виолина

כינור

контрабас

בס

тимпан

תוף הדוד

барабан

תופים

електрическо пиано

מקלדת פסנתר

саксофон

סקסופון

флейта

חליל

микрофон

מיקרופון

зоологическа градина

גן חיות

вход
כניסה
тигър
נמר
бръмбар
כלוב
зебра
זברה
храна за животни
מזון לחיות
панда
פנדה

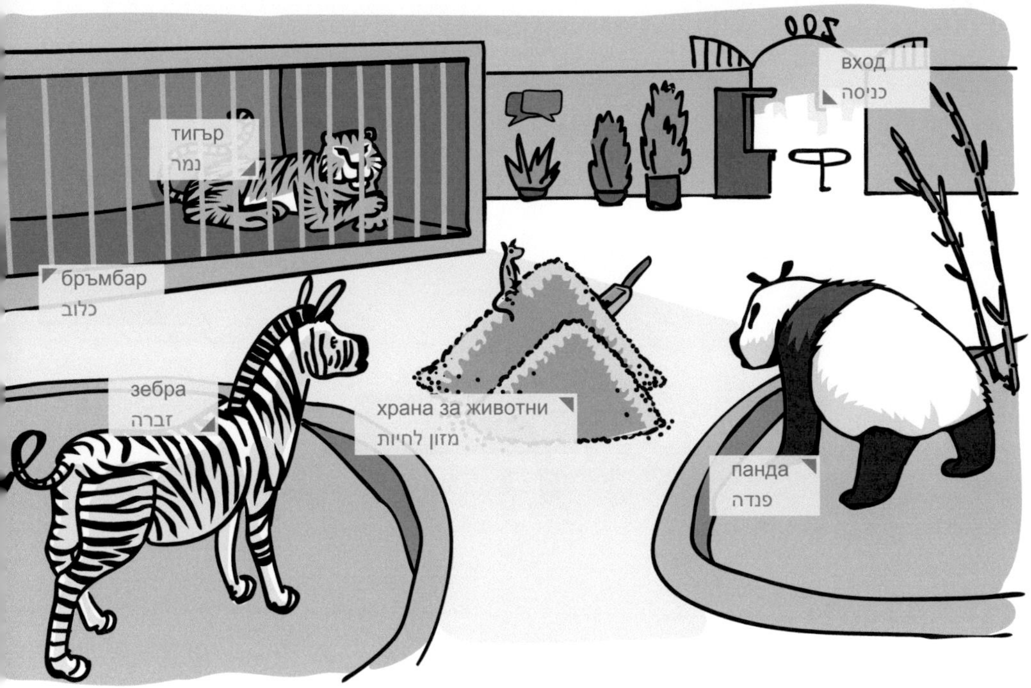

животни

בעלי חיים

слон

פיל

кенгуру

קנגרו

носорог

קרנף

горила

גורילה

мечка

דוב

камила

גמל

щраус

יען

лъв

אריה

маймуна

קוף

фламинго

פלמינגו

папагал

תוכי

бяла мечка

דוב הקרח

пингвин

פינגווין

акула

כריש

паун

טווס

змия

נחש

крокодил

תנין

пазач в зоологическа
градина

שומר גן החיות

тюлен

כלב ים

ягуар

יגואר

пони

סוס פוני

леопард

לאופרד

хипопотам

היפופוטאם

жираф

ג'ירפה

орел

נשר

диво прасе

חזיר בר

риба

דג

костенурка

צב

морж

סוס ים

лисица

שועל

газела

איילה

американски футбол
פוטבול אמריקאי

колоездене
רכיבת אופניים

тенис
טניס

баскетбол
כדורסל

плуване
שחיה

бокс
אגרוף

хокей на лед
הוקי

футбол
כדורגל

бадминтон
בדמינטון

лека атлетика
אתלטיקה

хандбал
כדור-יד

ски бягане
עשה סקי

поло
פולו

дейности

פעילויות

смея се
צחק
скачам
קפץ
прегръщам
חיבק
вървя
הלך
пея
שר
сънувам
חלם
моля се
התפלל
целувам
נשק

пиша

כתב

рисувам

צייר

показвам

הראה

бутам

דחף

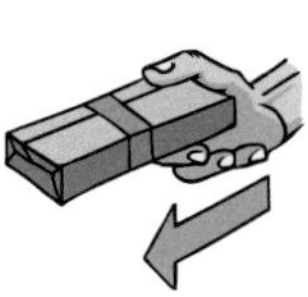

давам

נתן

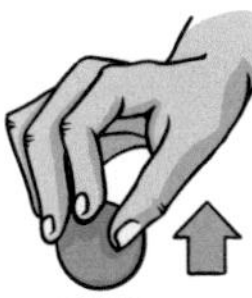

взимам

לקח

имам

יש / להיות הבעלים

правя

עשה

съм

היה

стоя

עמד

тичам

רץ

дърпам

משך

хвърлям

זרק

падам

נפל

лежа

שכב

чакам

חיכה

нося

סחב

седя

ישב

обличам

התלבש

спя

ישן

събуждам се

התעורר

разглеждам

הסתכל ב-

плача

בכה

милвам

ליטף

реша се

סירק

говоря

דיבר

разбирам

הבין

питам

שאל

слушам

שמע

пия

שתה

ям

אכל

разтребвам

סידר

обичам

אהב

готвя

בישל

карам автомобил

נהג

летя

עף

плавам (с платна)

שט

смятане

חישב

чета

קרא

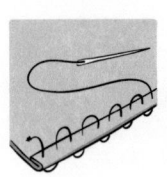

уча

למד

работя

עבד

женя се

התחתן

шия

תפר

измивам си зъбите

ציחצח שיניים

убивам

הרג

пуша

עישן

изпращам

שלח

семейство

משפחה

баба
סבתא
дядо
סבא
баща
אבא
майка
אימא
бебе
תינוק
дъщеря
בת
син
בן

посетител

אורח

леля

דודה

чичо

דוד

брат

אח

сестра

אחות

тяло

גוף

чело
מצח
око
עין
рамо
כתף
пръст
אצבע
лице
פנים
брадичка
סנטר
ръка
כף יד
крак
רגל
гърди
חזה
ръка
זרוע

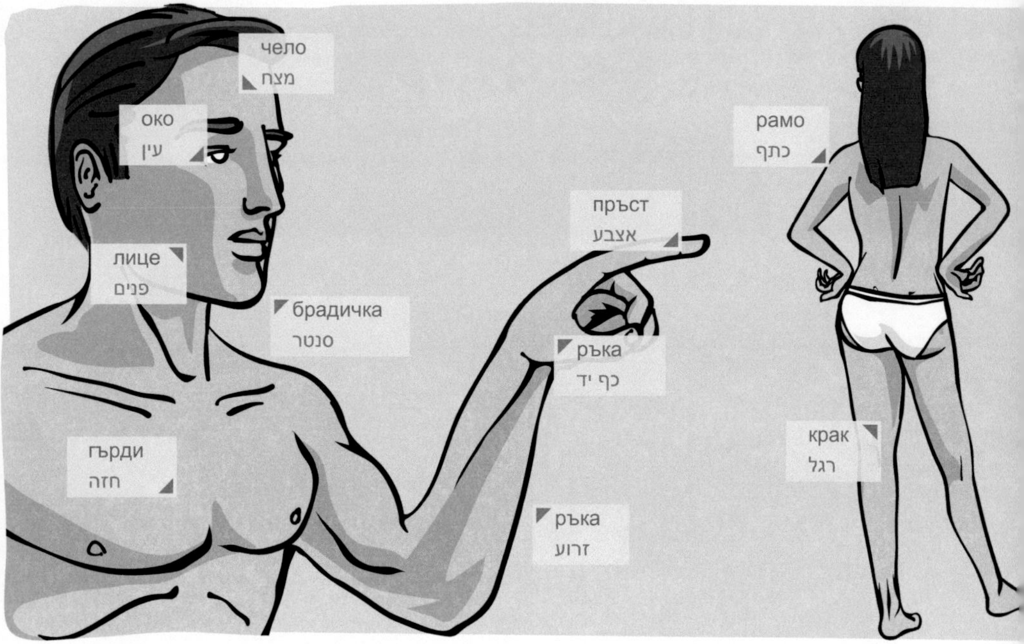

бебе

תינוק

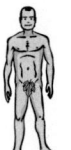

мъж

איש

жена

אישה

момиче

ילדה

момче

ילד

глава

ראש

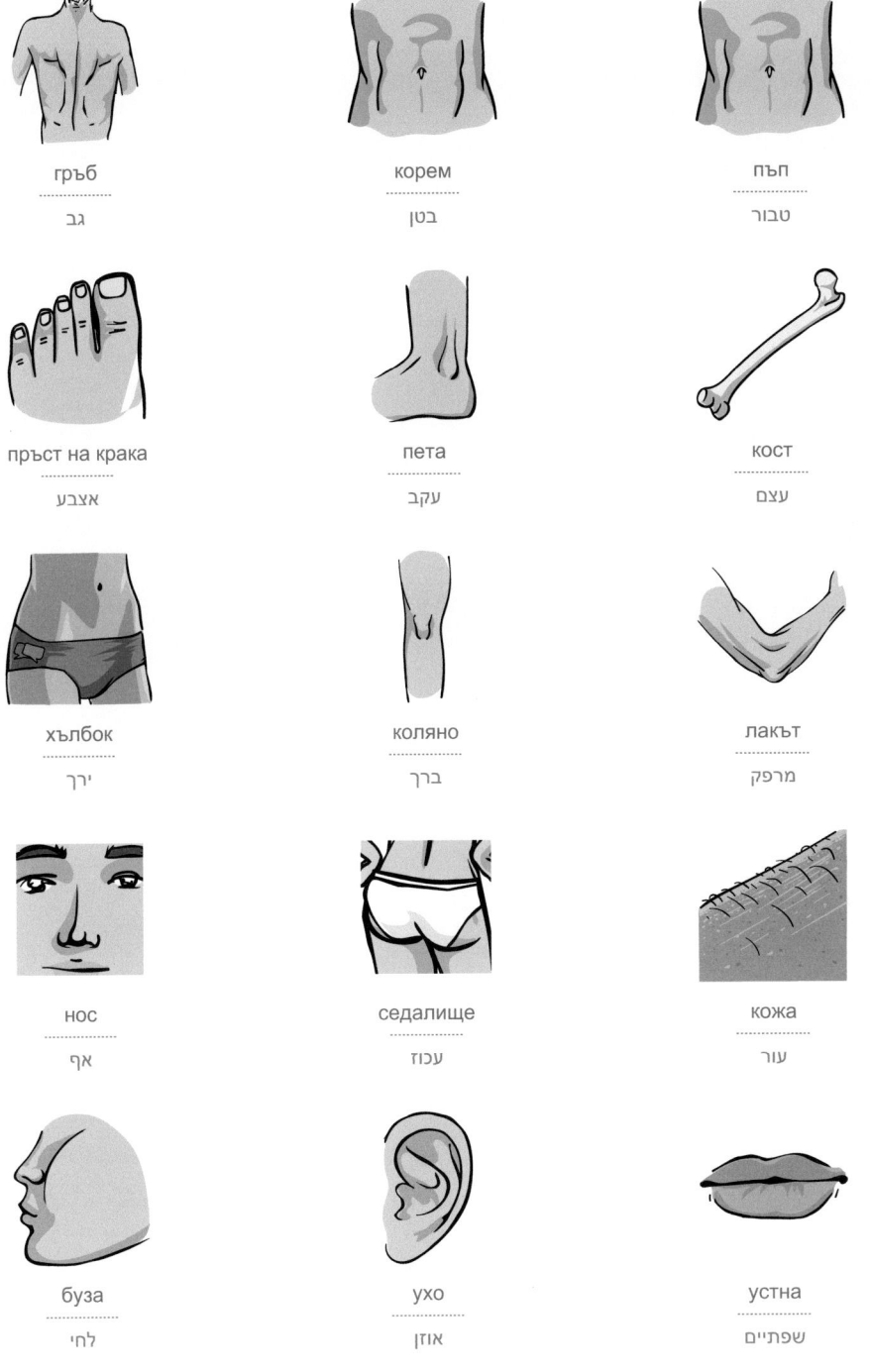

гръб
גב

корем
בטן

пъп
טבור

пръст на крака
אצבע

пета
עקב

кост
עצם

хълбок
ירך

коляно
ברך

лакът
מרפק

нос
אף

седалище
עכוז

кожа
עור

буза
לחי

ухо
אוזן

устна
שפתיים

уста

פה

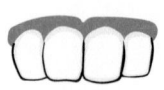

зъб

שן

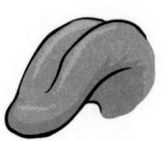

език

לשון

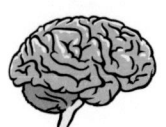

мозък

מוח

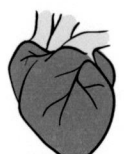

сърце

לב

мускул

שריר

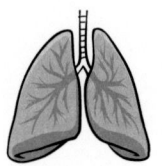

бял дроб

ריאה

черен дроб

כבד

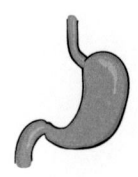

стомах

קיבה

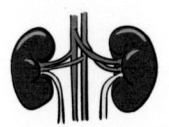

бъбреци

כליות

полово сношение

מין

кондом

קונדום

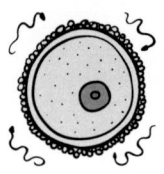

яйцеклетка

ביצית

сперма

זרע

бременност

הריון

70   тяло - גוף

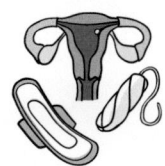

менструация

ווסת

вагина

נרתיק

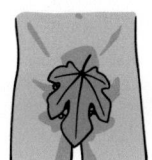

пенис

פין

вежда

גבה

коса

שיער

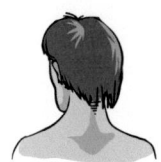

шия

צוואר

болница

בית חולים

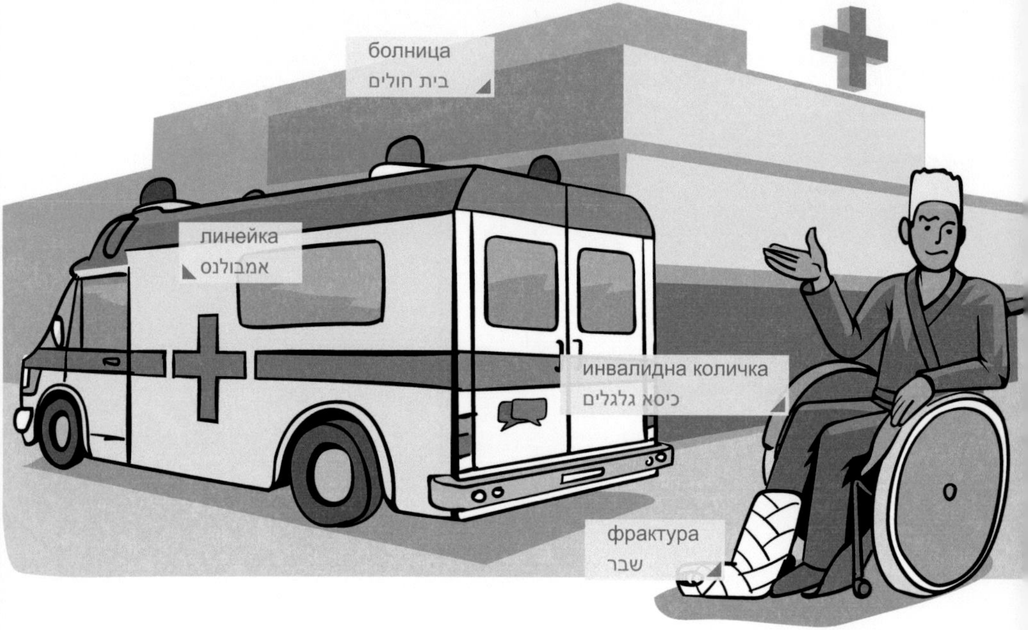

болница
בית חולים
линейка
אמבולנס
инвалидна количка
כיסא גלגלים
фрактура
שבר

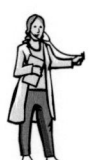

лекар

רופא

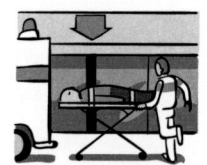

спешна хоспитализация

חדר מיון

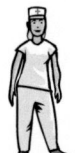

медицинска сестра

אחות

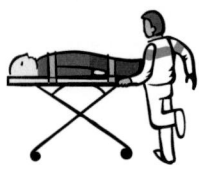

спешен случай

חירום

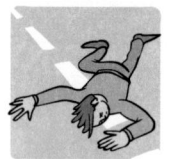

в безсъзнание

חסר הכרה

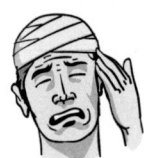

болка

כאב

нараняване

פציעה

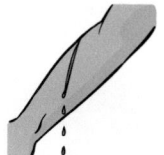

кървене

דימום

инфаркт

התקף לב

инсулт

שבץ

алергия

אלרגיה

кашлица

שיעול

температура

חום

грип

שפעת

диария

שלשול

главоболие

כאב ראש

рак

סרטן

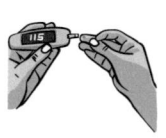

диабет

סוכרת

хирург

מנתח

скалпел

אזמל

операция

ניתוח

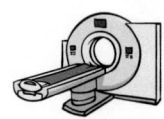

компютърна томография

סי-טי

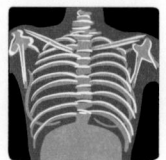

рентген

רנטגן

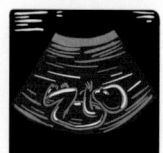

ултразвук

אולטרסאונד

маска

מסיכת פנים

болест

מחלה

чакалня

חדר המתנה

патерица

קבה

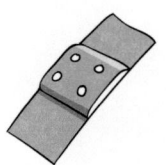

пластир

פלסטר

превръзка

תחבושת

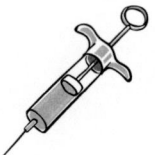

инжекция

זריקה

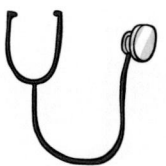

стетоскоп

סטטוסקופ

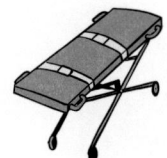

носилка

אלונקה

термометър

מד חום

раждане

לידה

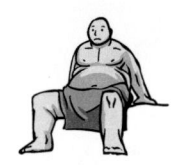

наднормено тегло

עודף משקל

слухов апарат

מכשיר שמיעה

дезинфекционно средство

מחטא

инфекция

זיהום

вирус

נגיף

HIV / AIDS

איידס

медицина

תרופה

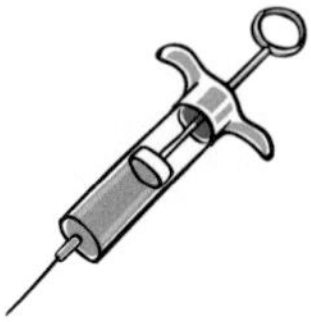

ваксинация

חיסון

таблети

טבליות

противозачатъчна
таблетка
גלולה

спешно телефонно
обаждане
קריאת חירום

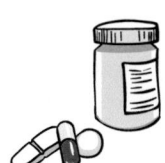

апарат за измерване на
кръвното налягане

מד לחץ דם

болен / здрав

חולה / בריא

спешен случай

חירום

Помощ!

הצילו!

сигнал за тревога

אזעקה

нападение

פשיטה

атака

תקיפה

опасност

סכנה

авариен изход

יציאת חירום

Пожар!

אש!

пожарогасител

מטף כיבוי

злополука

תאונה

комплект за оказване на първа помощ

ערכת עזרה ראשונה

SOS

הצילו!

полиция

משטרה

Земя

כדור הארץ

Европа

אירופה

Северна Америка

צפון אמריקה

Южна Америка

דרום אמריקה

Африка

אפריקה

Азия

אסיה

Австралия

אוסטרליה

Атлантически океан

האוקיינוס האטלנטי

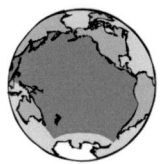

Тихи океан

האוקיינוס השקט

Индийски океан

האוקיינוס ההודי

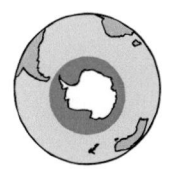

Южен ледовит океан

האוקיינוס האנטרקטי

Северен ледовит океан

האוקיינוס הארקטי

Северен полюс

הקוטב הצפוני

Южен полюс

הקוטב הדרומי

Антарктида

אנטארקטיקה

Земя

כדור הארץ

суша

אדמה

море

ים

остров

אי

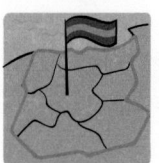

нация

לאום

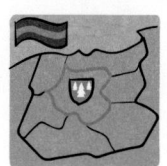

държава

מדינה

часовник
שעון

циферблат

פני השעון

стрелка на часовете

מחוג השעות

стрелка на минутите

מחוג הדקות

стрелка на секундите

מחוג השניות

Колко е часът?

מה השעה?

ден

יום

време

זמן

сега

עכשיו

дигитален часовник

שעון דיגיטלי

минута

דקה

час

שעה

седмица
שבוע

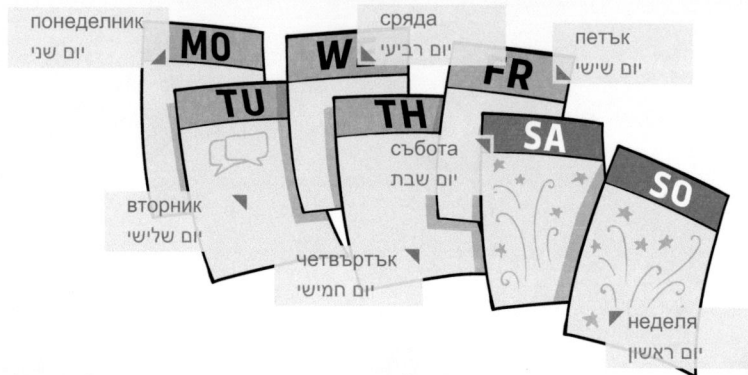

понеделник / יום שני
вторник / יום שלישי
сряда / יום רביעי
четвъртък / יום חמישי
петък / יום שישי
събота / יום שבת
неделя / יום ראשון

вчера

אתמול

днес

היום

утре

מחר

сутрин

בוקר

обед

צהריים

вечер

ערב

MO	TU	WE	TH	FR	SA	SU
1	2	3	4	5	6	7
8	9	10	11	12	13	14
15	16	17	18	19	20	21
22	23	24	25	26	27	28
29	30	31	1	2	3	4

работни дни

ימי עבודה

MO	TU	WE	TH	FR	SA	SU
1	2	3	4	5	6	7
8	9	10	11	12	13	14
15	16	17	18	19	20	21
22	23	24	25	26	27	28
29	30	31	1	2	3	4

уикенд

סוף שבוע

година
שנה

дъжд
גשם
дъга
קשת בענן
вятър
רוח
сняг
שלג
пролет
אביב
лято
קיץ
есен
סתיו
зима
חורף

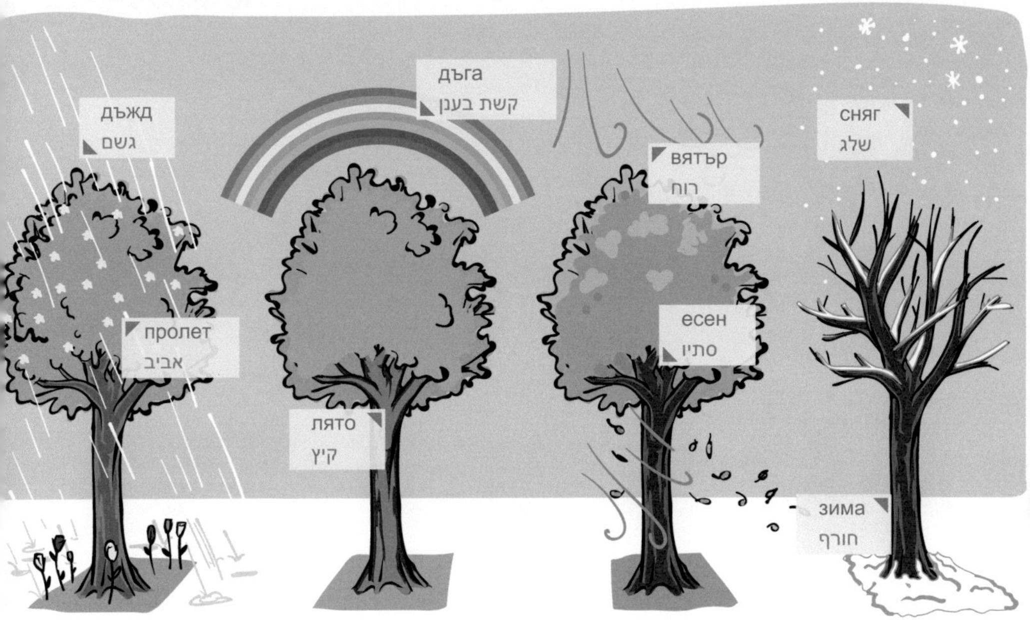

прогноза за времето

תחזית מזג האוויר

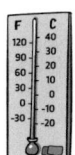

термометър

מד חום

слънчева светлина

אור שמש

облак

ענן

мъгла

ערפל

влажност на въздуха

לחות

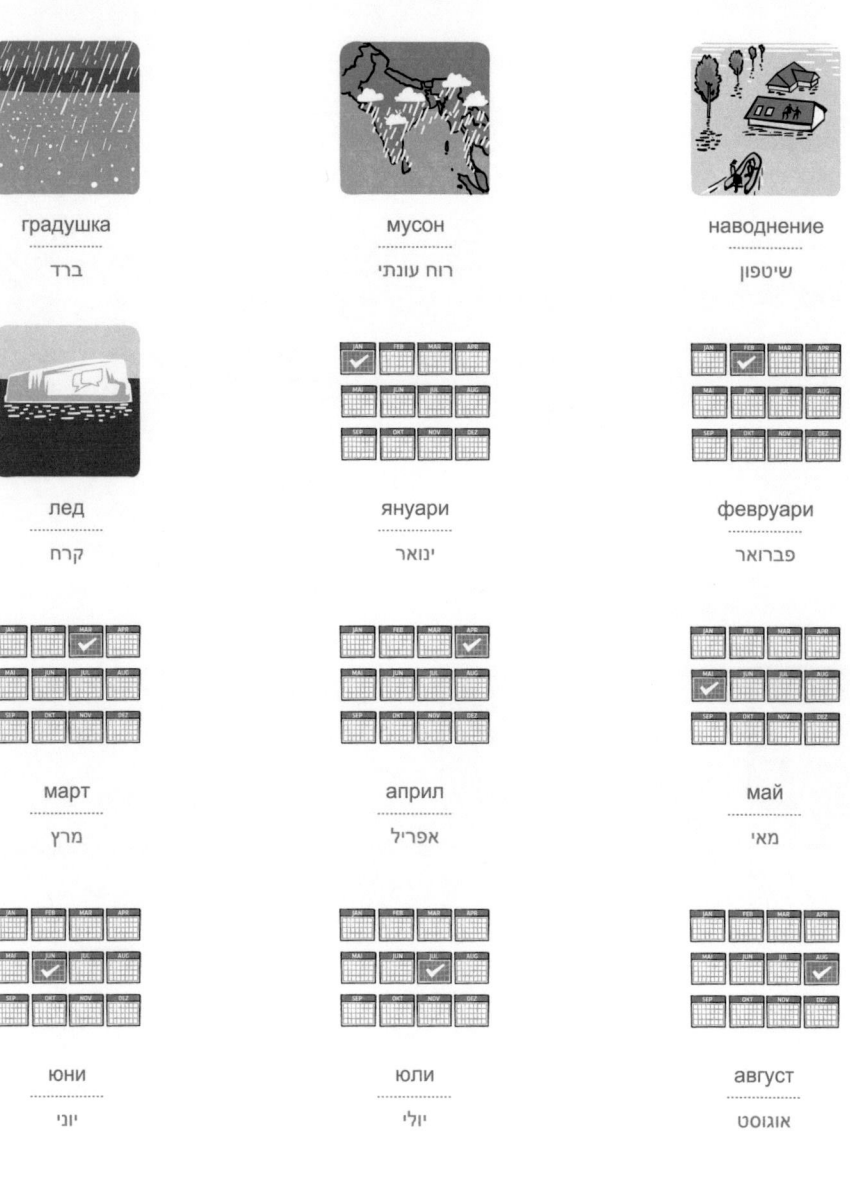

светкавица	гръмотевица	буря
ברק	רעם	סערה

градушка	мусон	наводнение
ברד	רוח עונתי	שיטפון

лед	януари	февруари
קרח	ינואר	פברואר

март	април	май
מרץ	אפריל	מאי

юни	юли	август
יוני	יולי	אוגוסט

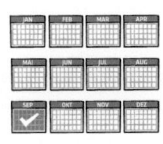

септември

ספטמבר

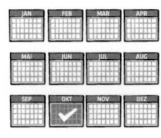

октомври

אוקטובר

ноември

נובמבר

декември

דצמבר

форми

צורות

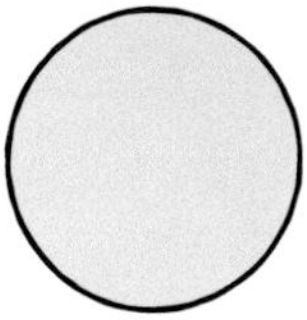

кръг

עיגול

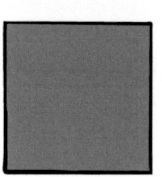

квадрат

מרובע

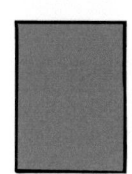

четириъгълник

מלבן

триъгълник

משולש

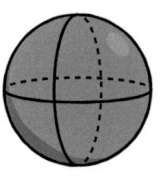

сфера

כדור

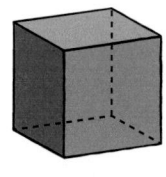

куб

קובייה

цветове

צבעים

бял

לבן

жълт

צהוב

оранжев

כתום

розов

ורוד

червен

אדום

лилав

סגול

син

כחול

зелен

ירוק

кафяв

חום

сив

אפור

черен

שחור

много / малко

הרבה / מעט

ядосан / спокоен

כועס / רגוע

красив / грозен

יפה / מכוער

начало / край

התחלה / סוף

голям / малък

גדול / קטן

светъл / тъмен

בהיר / כהה

брат / сестра

אח / אחות

чист / мръсен

נקי / מלוכלך

пълен / непълен

שלם / חלקי

ден / нощ

יום / לילה

мъртъв / жив

מת / חי

широк / тесен

רחב / צר

ядлив / неядлив

אכיל / לא אכיל

сърдит / любезен

רשע / טוב לב

развълнуван / скучаещ

מתרגש / משועמם

дебел / тънък

שמן / רזה

най-напред / най-накрая

ראשון / אחרון

приятел / враг

חבר / אויב

пълен / празен

מלא / ריק

твърд / мек

קשה / רך

тежък / лек

כבד / קל

глад / жажда

רעב / צמא

болен / здрав

חולה / בריא

нелегален / легален

בלתי-חוקי / חוקי

интелигентен / глупав

נבון / טיפש

ляво / дясно

שמאל / ימין

близо / далече

קרוב / רחוק

нов / употребяван

חדש / משומש

нищо / нещо

כלום / משהו

стар / млад

זקן / צעיר

вкл. / изкл.

פעיל / כבוי

отворен / затворен

פתוח / סגור

тих / силен (звук)

שקט / רועש

богат / беден

עשיר / עני

правилен / погрешен

נכון / שגוי

грапав / гладък

מחוספס / חלק

тъжен / щастлив

עצוב / שמח

дълъг / къс

קצר / ארוך

бавен / бърз

איטי / מהיר

мокър / сух

רטוב / יבש

топъл / студен

חם / קר

война / мир

מלחמה / שלום

числа

מספרים

0	1	2
нула	едно	две
אפס	אחת	שתיים
3	4	5
три	четири	пет
שלוש	ארבע	חמש
6	7	8
шест	седем	осем
שש	שבע	שמונה
9	10	11
девет	десет	единадесет
תשע	עשר	אחת-עשרה

12
дванадесет

שתים-עשרה

13
тринадесет

שלוש-עשרה

14
четиринадесет

ארבע-עשרה

15
петнадесет

חמש-עשרה

16
шестнадесет

שש-עשרה

17
седемнадесет

שבע-עשרה

18
осемнадесет

שמונה-עשרה

19
деветнадесет

תשע-עשרה

20
двадесет

עשרים

100
сто

מאה

1.000
хиляда

אלף

1.000.000
милион

מיליון

езици

שפות

английски

אנגלית

американски английски

אנגלית אמריקאית

китайски мандарин

סינית מנדרינית

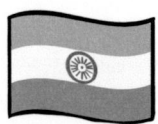

хинди

הודית

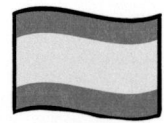

испански

ספרדית

френски

צרפתית

арабски

ערבית

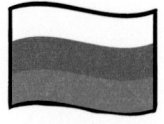

руски

רוסית

португалски

פורטוגזית

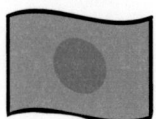

бенгалски

בנגלית

немски

גרמנית

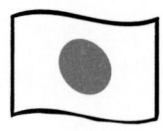

японски

יפנית

кой / какво / как

מי / מה / איך

аз

אני

ти

אתה / את

той / тя / то

הוא / היא / זה

ние

אנחנו

вие

אתם

те

הם

кой?

?מי

какво?

?מה

как?

?איך

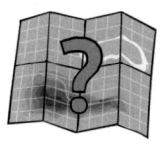

къде?

?איפה

кога?

?מתי

име

שם

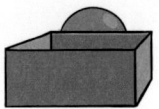

къде

איפה

зад

מאחור

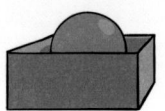

в

בתוך

пред

לפני

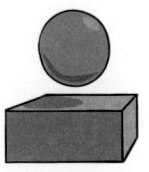

над

מעל

върху

על

под

מתחת

до

ליד

между

בין

място

מקום